à la maternelle

Grande section

5-6 ans

Graphisme Écriture

Premiers pas vers la lecture

Auteurs

Georges Besnard
professeur des écoles

Anne Weiller
professeure des écoles

Marie Sirica
psychothérapeute

Illustrations

Mélisande Luthringer
et
Nicolas Francescon
(couverture, mascottes et pictos)

Magnard

Présentation du cahier

- **À l'école maternelle**, votre enfant va découvrir et se familiariser avec l'écrit. De la toute petite section à la grande section, il se prépare à l'entrée au CP en ayant acquis les compétences nécessaires pour réussir.
- **En grande section**, l'enfant prend conscience de la forme. Il va découvrir et apprendre des signes graphiques.
- Afin que l'entrée dans l'écrit s'effectue dans les meilleures conditions, assurez-vous que votre enfant tienne bien son crayon.

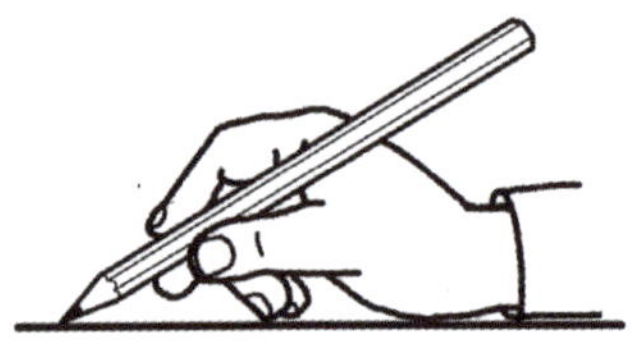

Droitier

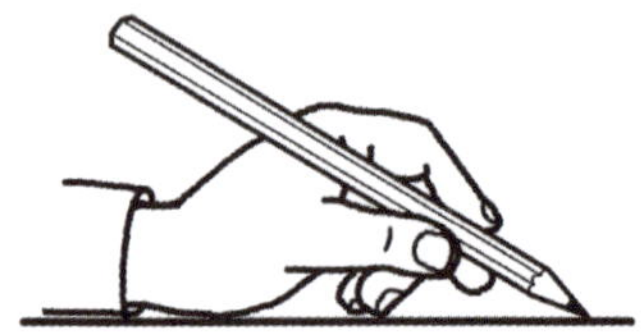

Gaucher

– Veillez à ce que les formes soient tracées dans la bonne direction. Suivez pour cela les indications de fléchage.

– Ce cahier permettra à votre enfant d'acquérir la maîtrise du geste et de s'entraîner aux différents tracés pour se préparer à l'écriture.

– Les activités de reconnaissance des lettres guideront l'enfant pas à pas vers la lecture.

Comment utiliser ce cahier ?

– Lisez les consignes à votre enfant autant de fois que nécessaire, puis demandez-lui ce qu'il a compris.

– À chaque page, vous trouverez l'objectif pédagogique visé ; utilisez les rubriques « Pour les parents » qui vous permettent d'accompagner au mieux votre enfant dans la réalisation des activités et dans l'apprentissage.

– Respectez le rythme de votre enfant et laissez-le travailler seul s'il le souhaite, il y gagnera en autonomie.

– Encouragez-le et félicitez-le.

– Détachez la planche d'autocollants qui se trouve au centre du cahier pour pouvoir les utiliser en toute facilité au fil des exercices.

Sommaire

Je m'appelle Noisette,
je t'accompagne tout au long
de ton cahier !

Les lettres u et i

Écrire et reconnaître les lettres u et i.

Repasse sur les tuiles du toit.

Trace les lettres u et i en partant du point de départ.

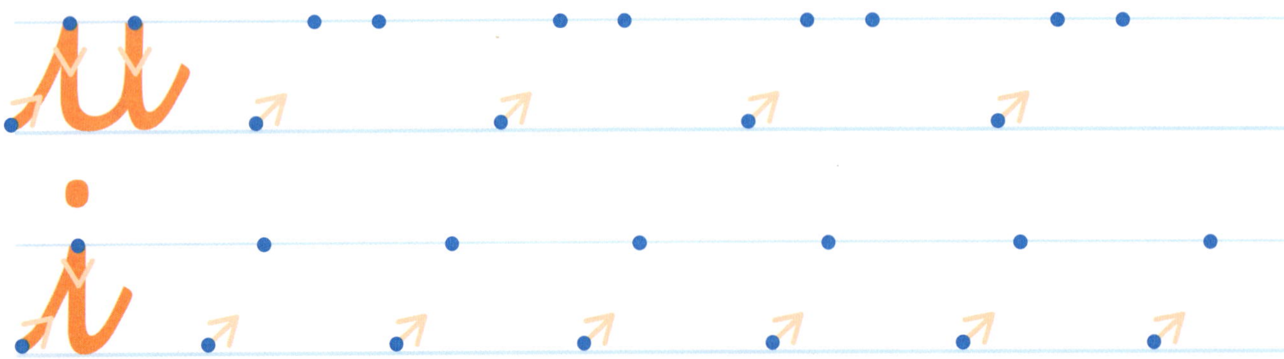

Pour les parents Faites remarquer à votre enfant la similitude du tracé des deux lettres.

Colle les lettres *u* et *i* près du dessin qui correspond.

une jupe

un igloo

Entoure les lettres U, u, *u* et I, i et *i*.

une

ciel

VILLE

DUNE

lune

miel

Colorie quand tu entends le son « u » ou le son « i ».

Les lettres *u* et *t*

Écrire et reconnaître les lettres u et t.

Repasse sur les premières coupes et continue.

Trace les lettres *u* et *t* en partant du point de départ.

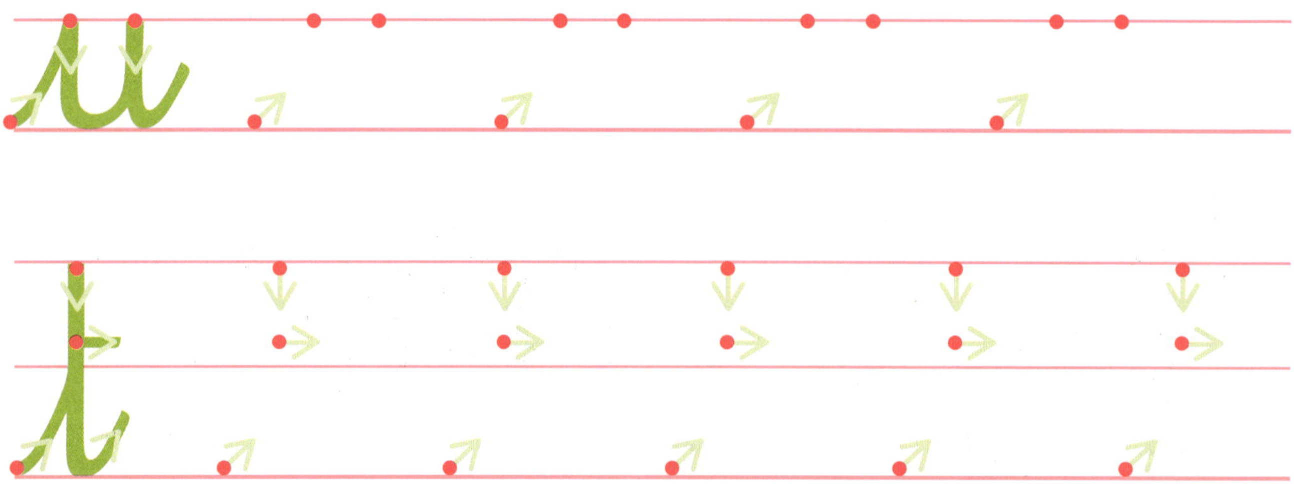

Pour les parents Si votre enfant éprouve des difficultés, demandez-lui de tracer les lettres en l'air avec le doigt.

Colle les lettres u et t près du dessin qui correspond.

plume

trèfle

Entoure les lettres U, u, u et T, t, t.

potiron fumée été

TARTE table NUAGE

Colorie quand tu entends le son « t ».

Les lettres v, y et w

Écrire et reconnaître les lettres v, y et w.

Continue la frise en traçant des boucles.

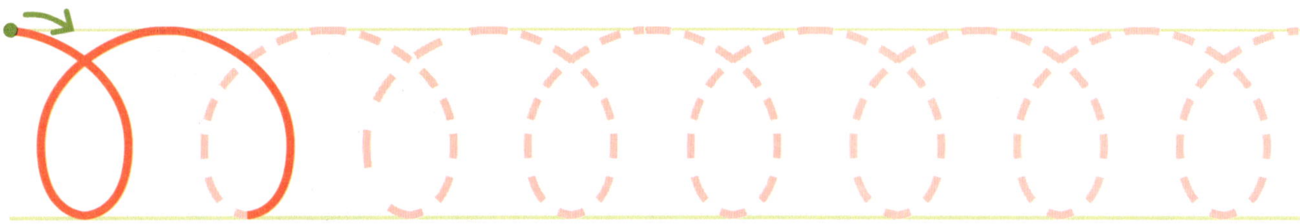

Trace les lettres v, y et w en partant du point de départ.

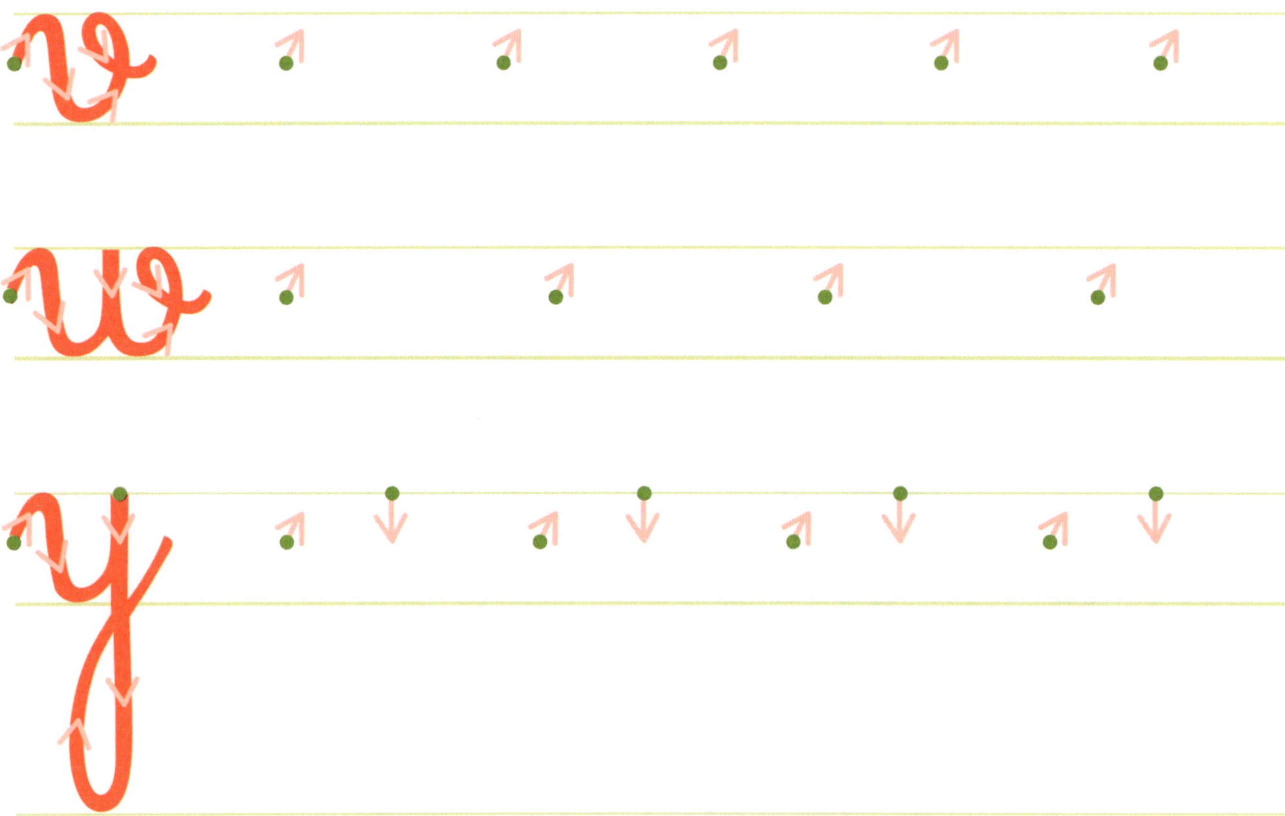

Pour les parents La boucle à l'envers va permettre à votre enfant de tracer le y.

Colle les lettres v, y et w près du dessin qui correspond.

voiture

yaourt

wagon

Entoure les lettres V, v, v et Y, y, y et W, w, w.

AVION yaourt voiture

kiwi wapiti VIRAGE

Colorie quand tu entends le son « v ».

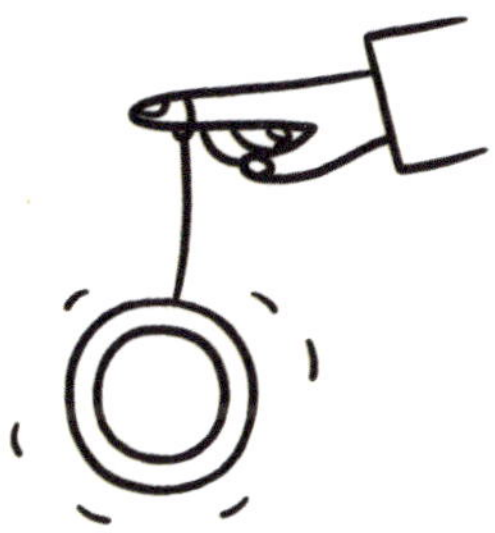

Cherche d'autres mots où tu entends le son « v » !

Les lettres
n et m

Écrire et reconnaître les lettres n et m.

Continue le trajet de la sauterelle puis celui de l'abeille.

Trace les lettres n et m en partant du point de départ.

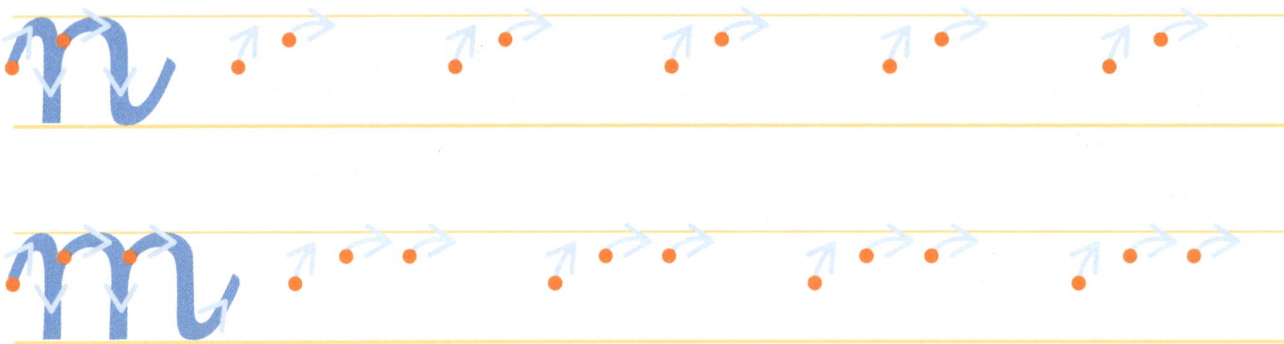

Pour les parents En traçant des vagues, votre enfant apprend à alterner les motifs de la coupe et du pont.

Colle les lettres n et m près du dessin qui correspond.

nuage

mouton

Entoure les lettres M, m, m et N, n, n.

laine MARIN ami NATURE

Colorie quand tu entends le son « n » ou le son « m ».

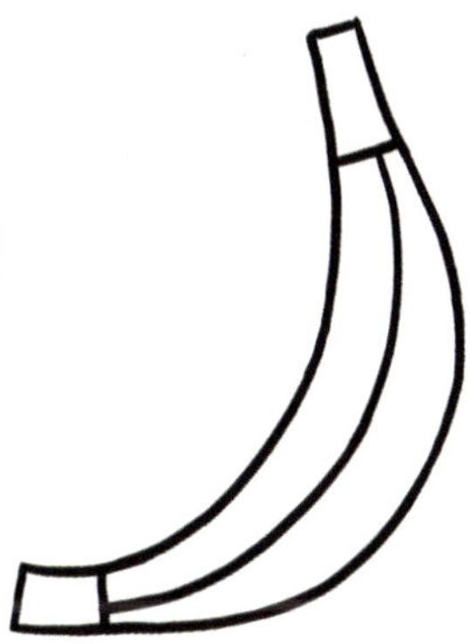

Les lettres c, o et x

Écrire et reconnaître les lettres c, o et x.

Repasse, puis dessine d'autres pommes.

Trace les lettres c, o et x en partant du point de départ.

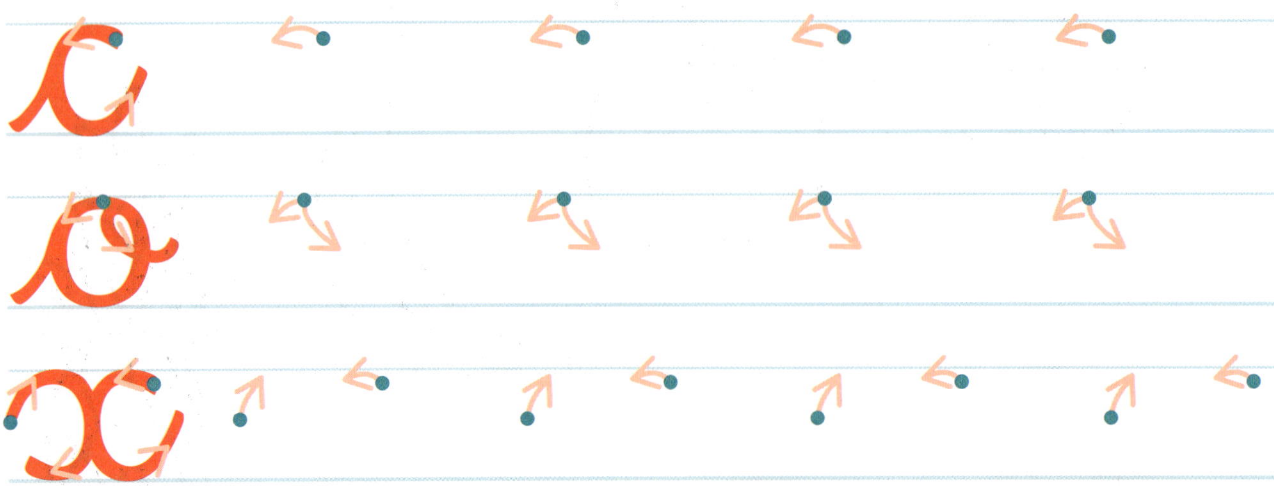

Pour les parents Veillez à ce que votre enfant trace ces lettres dans la bonne direction.

Colle les lettres près du dessin qui correspond.

camion

orange

xiphophore

Entoure les lettres *c*, *o* et *x*.

car   xylophone   OVALE   moto

Cherche l'intrus (le mot qui ne contient ni c, ni o, ni x) et entoure-le.

Nomme l'objet
qui contient à la fois
la lettre O
et la lettre X !

Les lettres *a* et *d*

Écrire et reconnaître les lettres a et d.

Repasse sur les cercles pour remplir le boulier puis colorie-les !

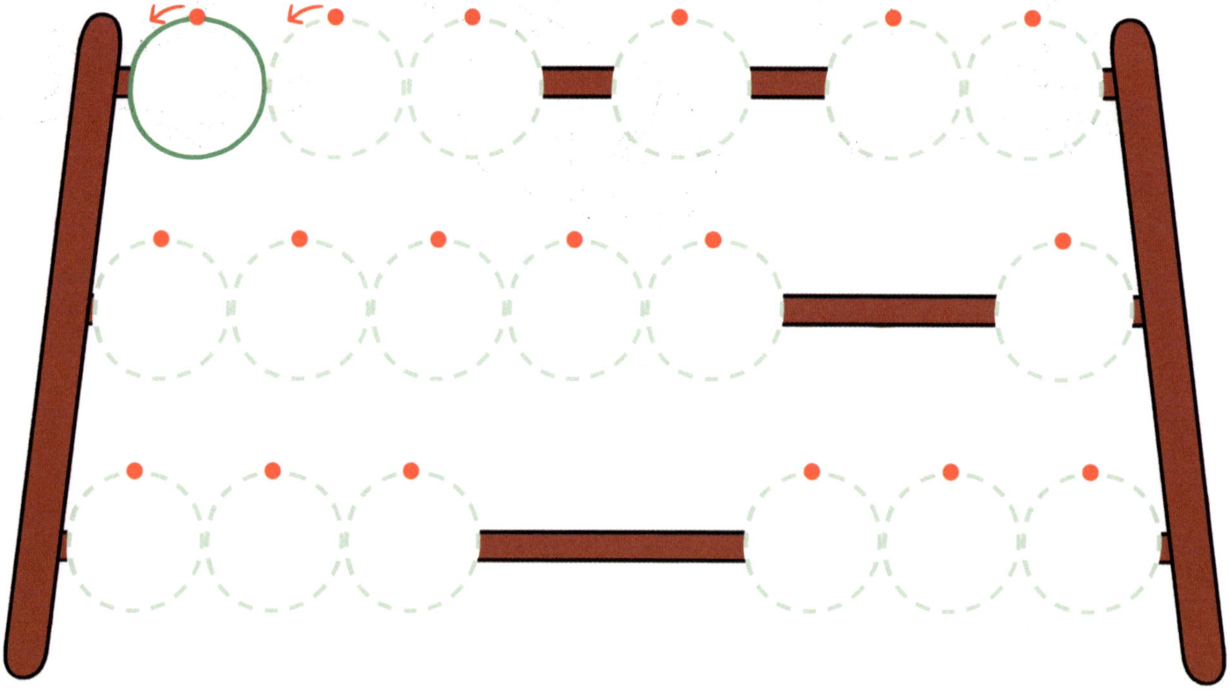

Trace les lettres *a* et *d* en partant du point de départ.

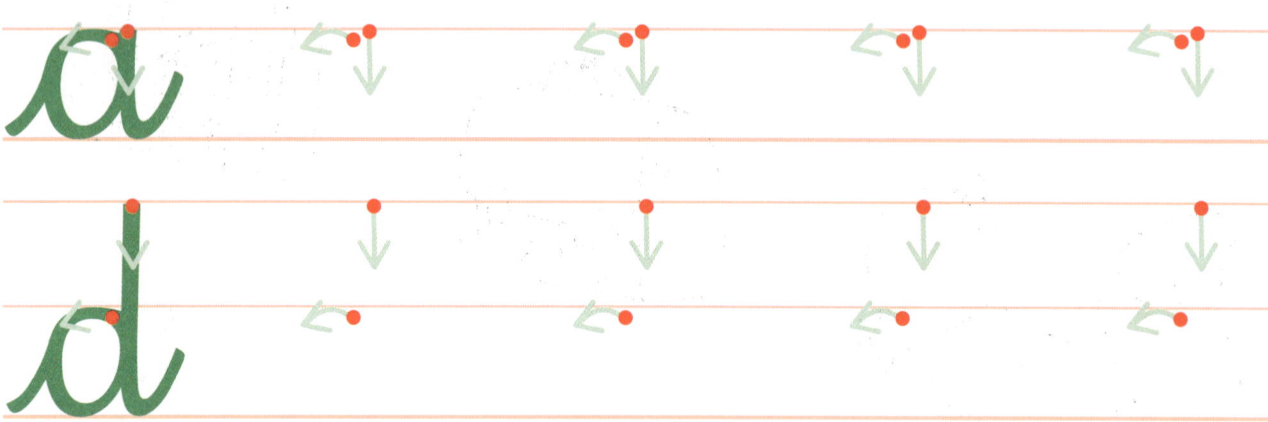

Pour les parents Veillez à ce que votre enfant trace les cercles dans le sens inverse des aiguilles d'une montre.

Colle les lettres *a* et *d* près du dessin qui correspond.

domino

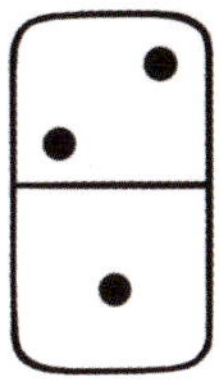

abricot

Entoure les lettres A, a, *a* et D, d, *d*.

LAPIN parapluie jardin

judo dindon AMI

Complète avec les lettres *a* et *d*.

en__ive

b__llon

v__lise

Les lettres q et g

Écrire et reconnaître les lettres q et g.

Entraîne-toi à faire des ronds et des boucles.

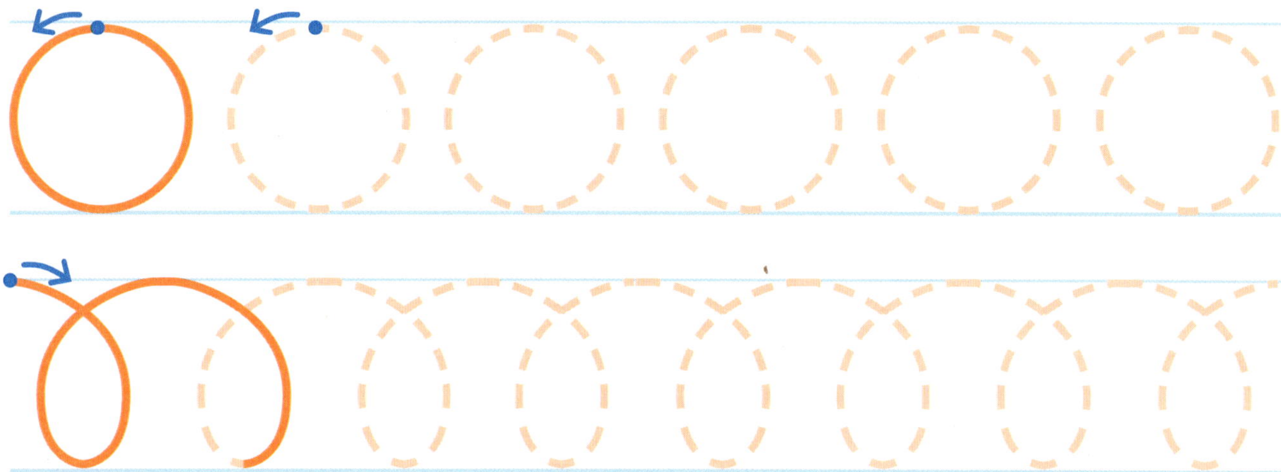

Trace les lettres q et g en partant du point de départ.

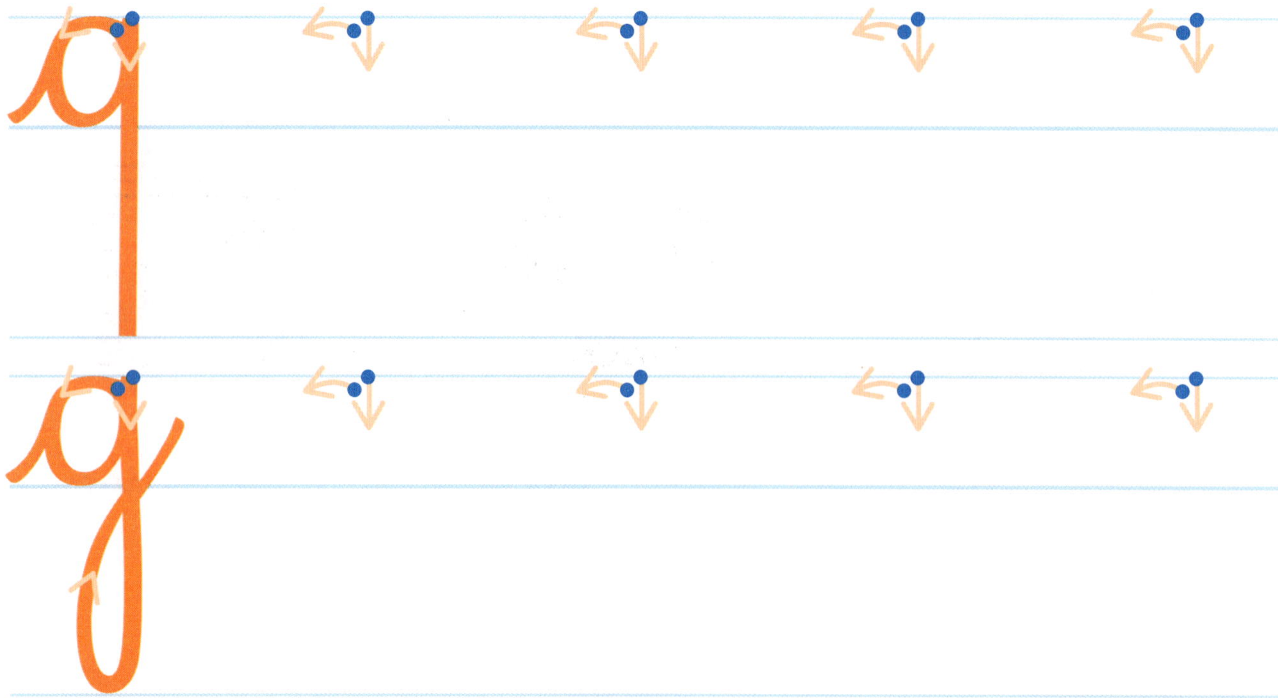

Pour les parents Faites remarquer à votre enfant que les lettres a, c, d, g, q et o commencent au même endroit.

Colle les lettres *q* et *g* près du dessin qui correspond.

quilles

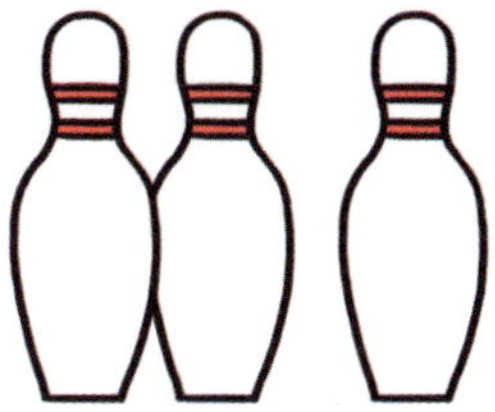

gâteau

Entoure les lettres Q, q, *q* et G, g, *g*.

GENOU raquette guitare COQ

Colorie les mots contenant la lettre g.

gorille

phoque

bague

coq

As-tu remarqué que le C et le Q se prononcent souvent de la même façon ?

Les lettres *e* et *l*

Écrire et reconnaître les lettres e et l.

Trace des boucles comme la queue du cochon.

Trace les lettres *e* et *l* en partant du point de départ.

Pour les parents Proposez à votre enfant de tracer des boucles en l'air avec le doigt.

Colle les lettres *e* et *l* près du dessin qui correspond.

escargot

lion

Entoure les lettres E, e, *e* et L, l, *l*.

PETIT plan *cerise*

lama *rose* FIL

Complète les mots avec un *e* ou un *l*.

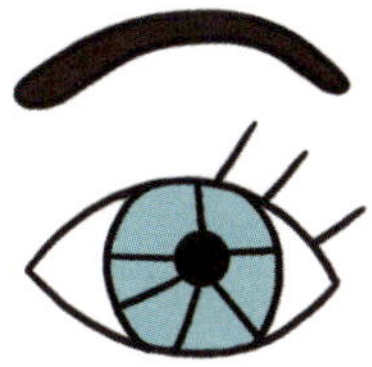

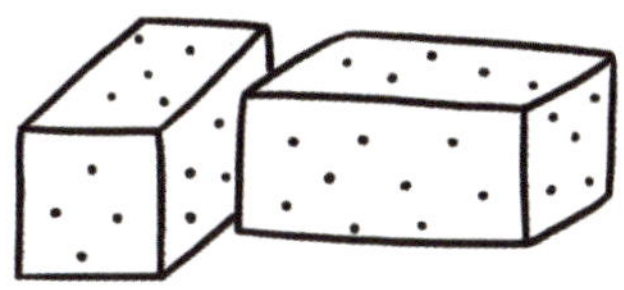

*frais*___ *sourci*___ *sucr*___

Les lettres h et k

Écrire et reconnaître les lettres h et k.

Aide le papillon à rejoindre la fleur puis entraîne-toi à faire des vagues !

Trace les lettres h et k en partant du point de départ.

Pour les parents Pour améliorer la dextérité de votre enfant, faites-lui travailler les boucles.

Colle les lettres *h* et *k* près du dessin qui correspond.

koala

hibou

Complète avec les lettres *h* ou *k*.

____épi

____otte

Écris en lettres capitales.

KIWI : ____________________

KILO : ____________________

VACHE : ____________________

Les lettres b et f

Écrire et reconnaître les lettres b et f.

Entraîne-toi à dessiner des boucles de différentes tailles.

Trace les lettres b et f en partant du point de départ.

Pour les parents Attirez l'attention de votre enfant sur les ressemblances et les différences entre le b et le f.

Colle les lettres b et f près du dessin qui correspond.

baleine

fleur

Colle l'autocollant sous le mot correspondant puis écris-le en lettres capitales.

BOTTE : ___________ FEUILLE : _______________

Dans chaque série de mots, cherche l'intrus et barre-le.

bonnet	basket	galette	belote
fumée	festin	figure	visage

Les lettres r et z

Écrire et reconnaître les lettres r et z.

Entraîne-toi à tracer les motifs.

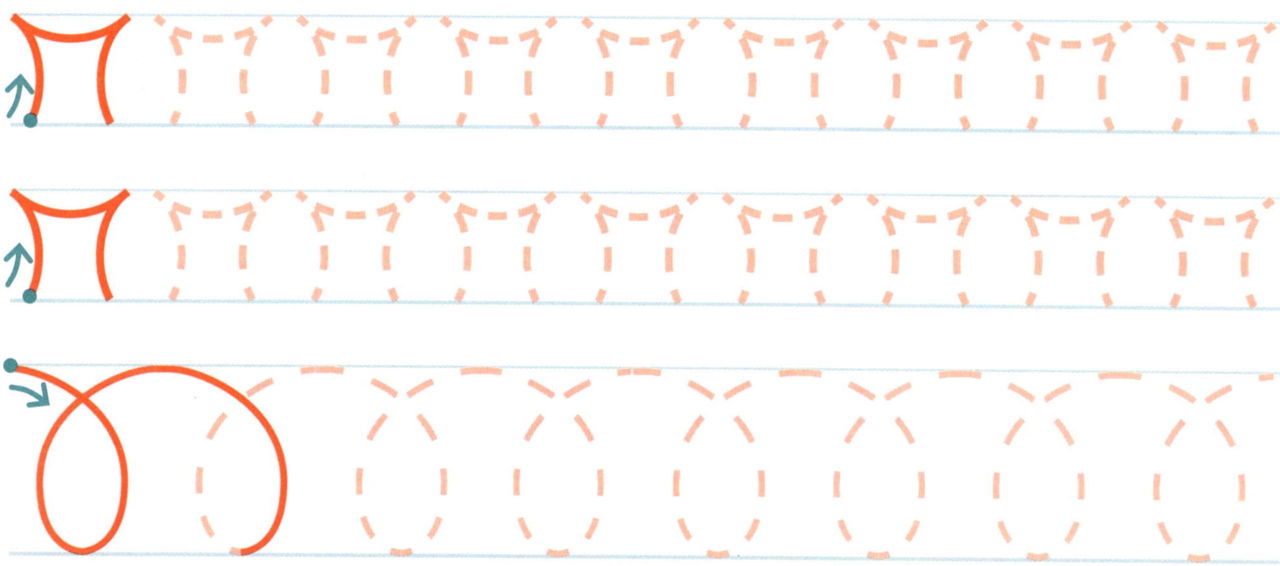

Trace les lettres r et z en partant du point de départ.

Pour les parents Le r et le z commencent de la même manière mais le z se termine par une boucle à l'envers.

Mes autocollants

pages 5 à 29

a A b B c C d D e E f F g G h H i I

j J k K l L m M n N o O p P q Q r R

s S t T u U u U v V w W x X y Y z Z

page 29

page 35

lundi mardi

mercredi jeudi vendredi

samedi dimanche

page 37

page 34

LUNDI

MARDI

MERCREDI

JEUDI

VENDREDI

SAMEDI

DIMANCHE

page 38

page 39

un

deux

trois

quatre

cinq

six

sept

huit

neuf

dix

page 41

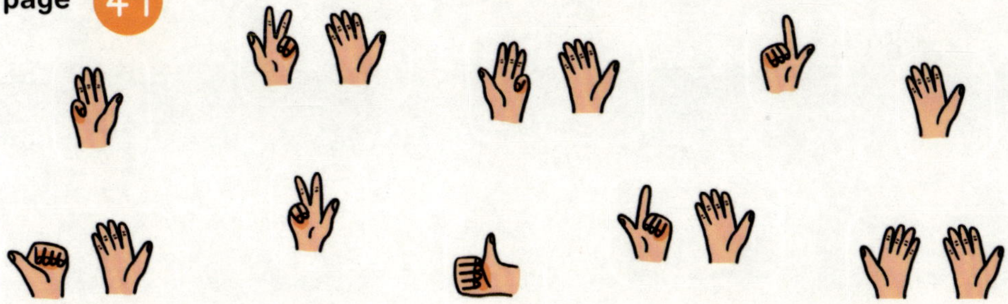

page 23

Des autocollants pour s'amuser

Colle les lettres r et z près du dessin qui correspond.

rossignol

zébu

Entoure les lettres r et z.

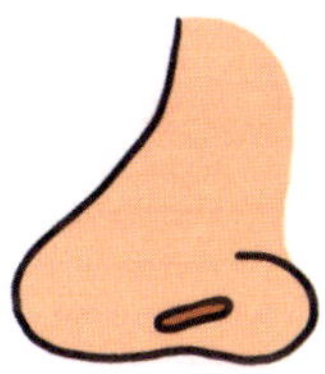

nez zèbre pierre

Dans chaque série de mots, cherche l'intrus et barre-le.

peur	valeur	petit	sur
nez	grand	gaz	riz

Les lettres j et p

Écrire et reconnaître les lettres j et p.

Entraîne-toi à tracer des vagues, des lignes obliques et des boucles vers le bas.

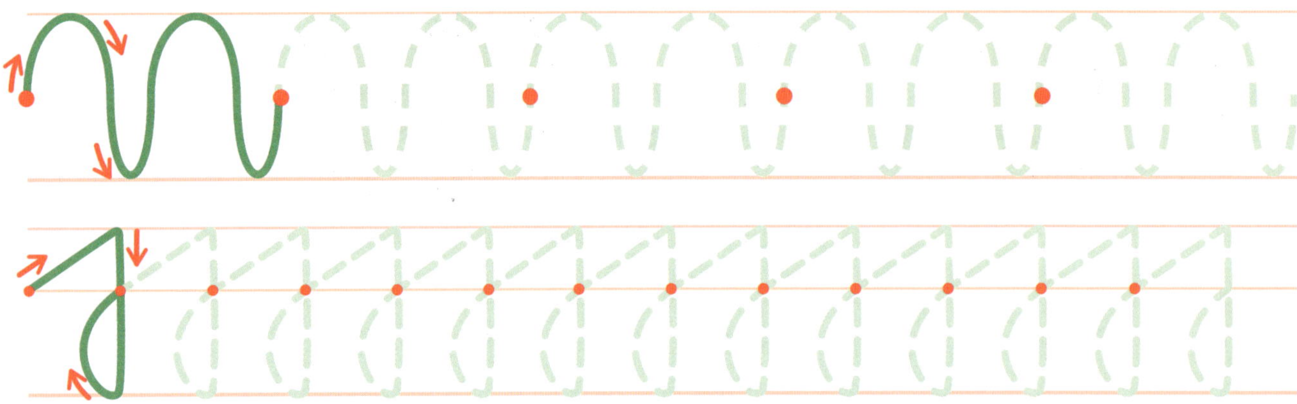

Trace les lettres j et p en partant du point de départ.

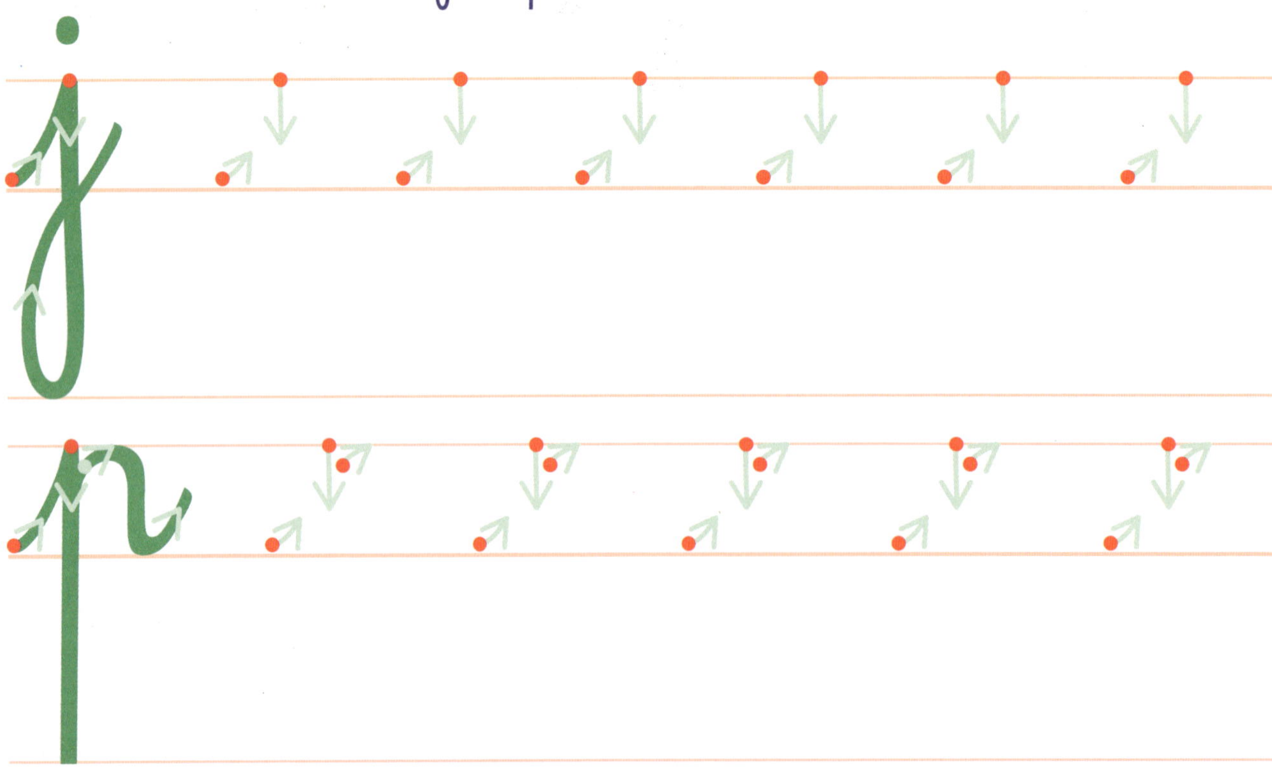

Pour les parents Le j et le p commencent par un trait oblique.
Le j se prolonge par une boucle à l'envers et le p par un trait droit.

Colle les lettres j et p près du dessin qui correspond.

journal

pieuvre

Complète par un j ou un p.

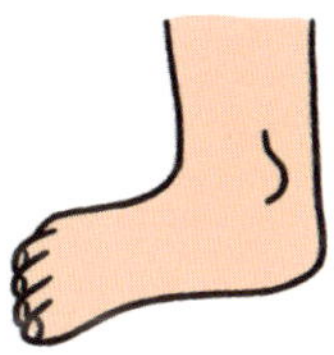

___ied ___udo ___eu

Écris en capitales les mots commençant par j dans l'exercice ci-dessus.

Devinette :
pour marcher il faut
en mettre un devant l'autre,
ce sont les... ?

La lettre s

Écrire et reconnaître la lettre s.

Trace des lignes obliques et des hameçons.

Trace la lettre s, en partant du point de départ.

Pour les parents Le s est difficile à tracer, soyez patients !

Colle la lettre s près du dessin.

squelette

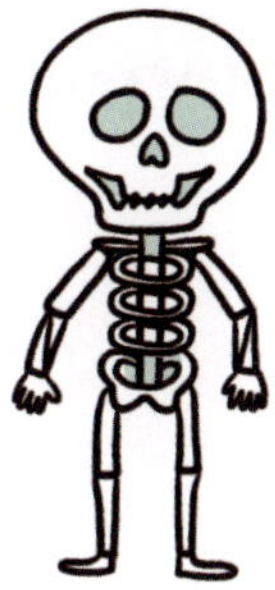

Complète par un s et colle l'autocollant près du mot correspondant.

ma__que chai__e __ki

Colorie les images contenant le son « s ».

Alphabet

Entraîne-toi à écrire les lettres de l'alphabet.

Pour les parents Les lettres sont regroupées en fonction de leur ressemblance.

u i t

v w y

n m

e l b

h k f

Les voyelles

Écrire et reconnaître les voyelles.

Récite toutes les voyelles et repasse sur chacune des lettres.

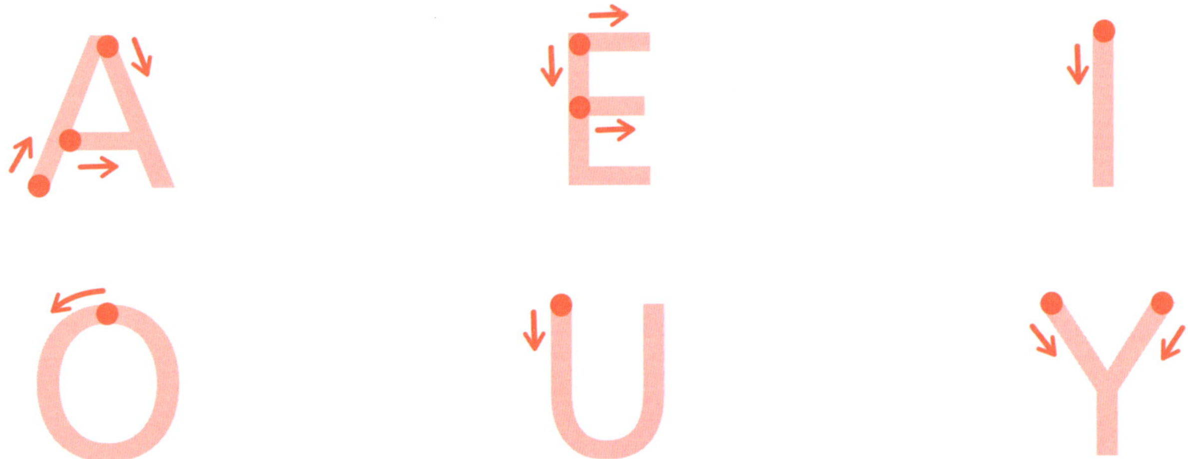

Entoure les dessins en rouge quand tu entends le son « a », en bleu quand tu entends le son « e » ou « é ».

Entoure les dessins en violet quand tu entends le son « i », en vert quand tu entends le son « o », en marron quand tu entends le son « u ».

Entoure les dessins en jaune quand tu entends le son « i » et en rose quand tu entends le son « y ».

Entoure les voyelles.

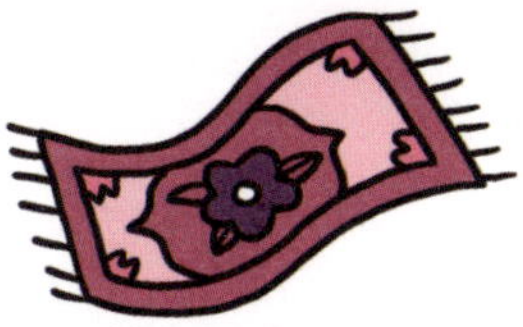

TAPIS

CYGNE

YUCCA

ROBOT

Les jours de la semaine

Reconnaître les jours de la semaine.

Dis la comptine et colle les jours dans l'ordre.

Dans la nuit de lundi,
un fantôme est venu sous mon lit.

Dans la nuit de mardi,
une sorcière a crié « sapristi !!! »,

Dans la nuit de mercredi,
une chouette a hululé à minuit.

Dans la nuit de jeudi,
un ogre voulait me manger tout rôti.

Dans la nuit de vendredi,
un monstre a ronflé sur mon tapis.

Dans la nuit de samedi,
j'ai eu peur d'un horrible loup gris.

Mais dimanche, j'ai passé une bonne nuit,
mon doudou, près de moi, a dormi.

Pour les parents Posez des questions à votre enfant sur son propre emploi du temps.

Colle les jours, dans le bon ordre, dans la comptine.

Dans la nuit de ,
un fantôme est venu sous mon lit.

Dans la nuit de ,
une sorcière a crié « sapristi !!! ».

Dans la nuit de ,
une chouette a hululé à minuit.

Dans la nuit de ,
un ogre voulait me manger tout rôti.

Dans la nuit de ,
un monstre a ronflé sur mon tapis.

Dans la nuit de ,
j'ai eu peur d'un horrible loup gris.

Mais , j'ai passé une bonne nuit,
mon doudou, près de moi, a dormi.

Bravo ! Tu connais les jours
de la semaine ! Connais-tu aussi
les mois de l'année ?

Les jours de la semaine

Écrire les jours de la semaine.

Entoure les jours de la semaine dans la comptine.

La souris du lundi
a mis son chapeau gris.

La souris du mardi
a croqué deux radis.

La souris du mercredi
a dansé toute la nuit.

La souris du jeudi
a lavé son tapis.

La souris du vendredi
a dormi sous son tipi.

La souris du samedi
a ouvert son parapluie.

Et la souris du dimanche
a cueilli mille pervenches.

Pour les parents Demandez à votre enfant de réciter les jours de la semaine.

Complète la comptine en écrivant les jours de la semaine en capitales et colle les autocollants correspondant aux situations.

La souris du ______________

a mis son chapeau gris.

La souris du ______________

a croqué deux radis.

La souris du ______________

a dansé toute la nuit.

La souris du ______________

a lavé son tapis.

La souris du ______________

a dormi sous son tipi.

La souris du ______________

a ouvert son parapluie.

Et la souris du ______________

a cueilli mille pervenches.

Reconnaître les nombres

Reconnaître les nombres de 1 à 10.

Apprends la comptine et colle à droite le nombre de cubes correspondant.

1 cube

2 cubes

3 cubes

4 cubes

5 cubes

6 cubes

7 cubes

8 cubes

9 cubes

Attention, ça bouge !
10 cubes, BOUM !

Pour les parents Vous pouvez mettre en scène la comptine avec de vrais cubes.

Compte les wagons et relie-les au nombre correspondant, puis colle à côté le nombre écrit en lettres.

- 10
- 4
- 6
- 5
- 8
- 9
- 1
- 3
- 7
- 2

Écrire les nombres

Écrire les nombres de 1 à 10.

Entraîne-toi à écrire les chiffres de 1 à 9.

1

2

3

4

5

6

7

8

9

Pour les parents Aidez votre enfant à reconnaître les nombres de 1 à 10 en comptant sur ses doigts.

Mime la comptine, écris les nombres de 1 à 10, puis colle les autocollants correspondant à chaque situation.

Sur mes doigts, je compte un.
Lève le pouce et tiens-le bien.

Sur mes doigts, je compte deux.
Lève l'index et ferme les yeux.

Sur mes doigts, je compte trois.
Lève le majeur cette fois.

Sur mes doigts, je compte quatre.
L'annulaire, 1, 2, 3, 4.

Sur mes doigts, je compte cinq.
Le rinquinquin, ça requinque.

Sur mes doigts, je compte six.
Le pouce et cinq, ça fait six.

Sur mes doigts, je compte sept.
Lève l'index, c'est pas bien bête.

Sur mes doigts, je compte huit.
Lève le majeur, lève-le vite.

Sur mes doigts, je compte neuf.
L'annulaire, 6, 7, 8, 9.

Sur mes doigts, je compte dix.
Il est temps que ça finisse !

Les sons et les syllabes

Identifier les syllabes.

Compte le nombre de syllabes de chaque mot. Colorie le nombre de cases correspondant.

SOURIS

RHINOCÉROS

OISEAU

BATEAU

DÉ

FLEUR

Colorie l'intrus (le seul mot ne contenant pas deux syllabes).

Pour les parents Aidez votre enfant à compter les syllabes sur ses doigts.

Entoure « ma » dans les mots ci-dessous.

cinéma pyjama fromage

malle manège marin

Relie chaque prénom à l'image qui se termine pareil
et entoure les intrus.

MANON

ARTHUR

CHLOÉ

CAMILLE

Entoure en rouge quand tu entends le son « ou »
et en marron quand tu entends le son « on ».

11

Entoure les lettres de ton prénom.

A B C D E F

G H I J K L M

N O P Q R S

T U V W X Y Z

Pour les parents Demandez à votre enfant de reconnaître les lettres d'autres prénoms et/ou d'autres mots.

Écris ton prénom au crayon en lettres capitales.

Écris le prénom de ton meilleur ami ou de ta meilleure amie en lettres capitales.

Recopie les mots *papa* puis *maman* en lettres attachées.

papa maman

Syllabes et mots simples

Reconnaître des syllabes et former des mots simples.

Entoure les images quand tu entends le son « mo » et colorie l'intrus.

   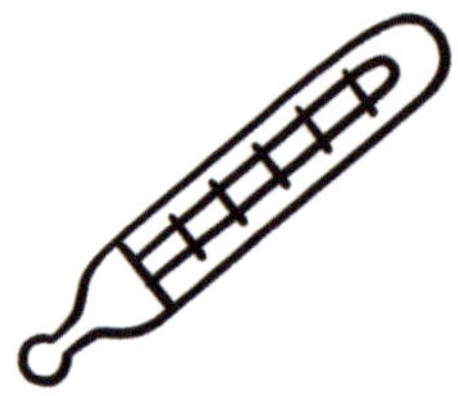

Colorie la case pour indiquer l'emplacement de la syllabe « ra » dans les mots.

Pour les parents Lisez les mots à votre enfant et comptez les syllabes sur les doigts.

Dans chaque série de mots, cherche l'intrus et barre-le.

voleur	joueur	odeur	cadeau	chaleur
robot	radeau	avion	chameau	vélo
chorale	cheval	fourmi	chenal	chacal
renard	cafard	retard	déjeuner	guépard

Complète les mots avec les lettres manquantes.

___élo

sa___

f___lle

g___rçon

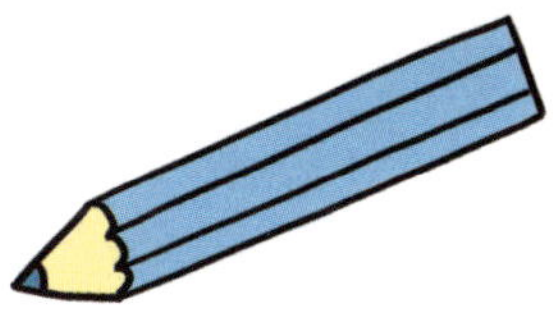

___rayon

___âteau

Édition : Anne Demarty / **Création graphique :** Yannick Le Bourg / **Mise en pages :** Facompo

Achevé d'imprimer en Novembre 2022 en Italie par Rotolito S.p.A. Numéro éditeur : MAGSI20220156